바닷가 우체국

바닷가 우체국

안
도
현
시
집

문학동네

바닷가 우체국
차례

바닷가 우체

바닷가 우체국

바다가 보이는 언덕 위에
우체국이 있다
나는 며칠 동안 그 마을에 머물면서
옛사랑이 살던 집을 두근거리며 쳐다보듯이
오래오래 우체국을 바라보았다
키 작은 측백나무 울타리에 둘러싸인 우체국은
문 앞에 붉은 우체통을 세워두고
하루 내내 흐린 눈을 비비거나 귓밥을 파기 일쑤였다
우체국이 한 마리 늙고 게으른 짐승처럼 보였으나
나는 곧 그 게으름을 이해할 수 있었다
내가 이곳에 오기 아주 오래 전부터
우체국은 아마
두 눈이 짓무르도록 수평선을 바라보았을 것이고
그리하여 귓속에 파도 소리가 모래처럼 쌓였을 것이
었다
나는 세월에 대하여 말하지만 결코

세월을 큰 소리로 탓하지는 않으리라

한번은 엽서를 부치러 우체국에 갔다가

줄지어 소풍 가는 유치원 아이들을 만난 적이 있다

내 어린 시절에 그랬던 것처럼

우체통이 빨갛게 달아오른 능금 같다고 생각하거나

편지를 받아먹는 도깨비라고

생각하는 소년이 있을지도 모르는 일이었다

그러다가 소년의 코밑에 수염이 거뭇거뭇 돋을 때쯤
이면

우체통에 대한 상상력은 끝나리라

부치지 못한 편지를

가슴속 주머니에 넣어두는 날도 있을 것이며

오지 않는 편지를 혼자 기다리는 날이 많아질 뿐

사랑은 열망의 반대쪽에 있는 그림자 같은 것

그런 생각을 하다 보면

삶이 때로 까닭도 없이 서러워진다

우체국에서 편지 한 장 써보지 않고

인생을 다 안다고 말하는 사람들을 또 길에서 만난다면

나는 편지봉투의 귀퉁이처럼 슬퍼질 것이다

바다가 문 닫을 시간이 되어 쓸쓸해지는 저물녘

퇴근을 서두르는 늙은 우체국장이 못마땅해할지라도

나는 바닷가 우체국에서

만년필로 잉크 냄새 나는 편지를 쓰고 싶어진다

내가 나에게 보내는 긴 편지를 쓰는

소년이 되고 싶어진다

나는 이 세상에 살아남기 위해 사랑을 한 게 아니었

다고

나는 사랑을 하기 위해 살았다고

그리하여 한 모금의 따뜻한 국물 같은 시를 그리워하

였고

한 여자보다 한 여자와의 연애를 그리워하였고

그리고 맑고 차가운 술을 그리워하였다고

밤의 염전에서 소금 같은 별들이 쏟아지면

바닷가 우체국이 보이는 여관방 창문에서 나는

느리게 느리게 굴러가다가 머물러야 할 곳이 어디인

가를 아는

우체부의 자전거를 생각하고

이 세상의 모든 길이

우체국을 향해 모였다가

다시 갈래갈래 흩어져 산골짜기로도 가는 것을 생각

하고

길은 해변의 벼랑 끝에서 끊기는 게 아니라

훌쩍 먼바다를 건너기도 한다는 것을 생각한다

그리고 때로 외로울 때는

파도 소리를 우표 속에 그려넣거나

수평선을 잡아당겼다가 놓았다가 하면서

나도 바닷가 우체국처럼 천천히 늙어갔으면 좋겠다고

생각한다

고래를 기다리며

고래를 기다리며
나 장생포 바다에 있었지요
누군가 고래는 이제 돌아오지 않는다, 했지요
설혹 돌아온다고 해도 눈에는 보이지 않는다고요,
나는 서러워져서 방파제 끝에 앉아
바다만 바라보았지요
기다리는 것은 오지 않는다는 것을
알면서도 기다리고, 기다리다 지치는 게 삶이라고
알면서도 기다렸지요
고래를 기다리는 동안
해변의 젖꼭지를 빠는 파도를 보았지요
숨을 한 번 내쉴 때마다
어깨를 들썩이는 그 바다가 바로
한 마리 고래일지도 모른다고 생각했지요

연락선

네가 떠난 뒤에 바다는 눈이 퉁퉁 부어올랐다
해변의 나리꽃도 덩달아 눈자위가 붉어졌다
너를 잊으려고 나는 너의 사진을 자꾸 들여다보았다

제주 자리젓

소금과 육신의 향기에 오래 절여진
제주 자리젓

몸은 뒤틀려 물수건처럼 접혔는데
가만히 보니,
쫑긋 내민 주둥이와
크고 검은 눈은 덜 짓이겨졌구나
입이 쬐께한 것이야 살아서 食貪 적었던 탓이겠고,

그런데 눈은 왜 저렇게 크나?
저 눈으로 바닷속을 다 둘러보았다면
지금, 나 같은 것
眼中에도 없으리

숭어회 한 접시

눈이 오면, 애인 없어도 싸드락싸드락 걸어갔다 오고
싶은 곳
눈발이 어깨를 치다가 등짝을 두드릴 때
오래 된 책표지 같은 群山, 거기
어두운 도선장 부근

눈보라 속에 발갛게 몸 달군 포장마차 한 마리
그 더운 몸 속으로 들어가고 싶은 거라
갑자기, 내 안경은 흐려지겠지만
마음은 백열 전구처럼 환하게 눈을 뜰 테니까

세상은 혁명을 해도
나는 찬 소주 한 병에다
숭어회 한 접시를 주문하는 거라
밤바다가, 뒤척이며, 자꾸 내 옆에 앉고 싶어하면
나는 그날 밤바다의 애인이 될 수도 있을 거라

이미 양쪽 볼이 불콰해진
바다야, 너도 한잔할래?
너도 나처럼 좀 빈둥거리고 싶은 게로구나
강도 바다도 경계가 없어지는 밤
속수무책, 밀물이 내 옆구리를 적실 때

왜 혼자 왔냐고,
조근조근 따지듯이 숭어회를 썰며
말을 걸어오는 주인 아줌마, 그 굵고 붉은 손목을
오래 물끄러미 바라보는 거라
나 혼자 오뎅 국물 속 무처럼 뜨거워져
수백 번 엎치락뒤치락 뒤집혀보는 거라

꽃

바깥으로 뱉어내지 않으면 고통스러운 것이
몸 속에 있기 때문에
꽃은, 핀다
솔직히 꽃나무는
꽃을 피워야 한다는 게 괴로운 것이다

내가 너를 그리워하는 것,
이것은 터뜨리지 않으면 곪아 썩는 못난 상처를
바로 너에게 보내는 일이다
꽃이 허공으로 꽃대를 밀어올리듯이

그렇다 꽃대는
꽃을 피우는 일이 너무 힘들어서
자기 몸을 세차게 흔든다
사랑이여, 나는 왜 이렇게 아프지도 않는 것이냐

몸 속의 아픔이 다 말라버리고 나면
내 그리움도 향기나지 않을 것 같아 두렵다

살아남으려고 밤새 발버둥을 치다가
입 안에 가득 고인 피,
뱉을 수도 없고 뱉지 않을 수도 없을 때
꽃은, 핀다

가을, 매미 생각

허공을 부여잡고 내내 울어대던 매미 소리 뚝, 그치자
바람 서늘해지고
매미가 붙어 있던 자리에
동그란 구멍이 생겼다
그 소란스럽던 햇볕도 꽤나 진지해져서
콩꼬투리 속으로 들어간 놈은 때글때글해지고
수수밭머리에 내리던 놈은 턱 괴고 고개 숙일 줄도 안
다
매미는
울기 위해
지금, 울지 않는다
보이지 않고 들리지 않는다고
매미의 시절이 갔노라고
섣불리 엽서에다 쓰지 말 일이다
몸 속에는 늘 꼼지락거리며 숨쉬는 게 있는데
죽어도 죽지 않는

그게, 바로 흔히들 마음이라고 부르는 거란다

강과 연어와 물푸레나무의 관계

남대천 상류 물푸레나무 속에는
연어떼가 나무를 타고
철버덩거리며 거슬러오르는 소리가 들린다
나무가 세차게 흔들리는 것은 바로 그 때문이다
물푸레나무 가지 끝에 알을 낳으려고
연어는 알을 낳은 뒤에 죽으려고
죽은 뒤에는 이듬해 봄 물푸레나무 가지 끝에
수천 개 연초록 이파리의 눈을 매달려고
연어는 떼지어 나무를 타고 오른다
나뭇가지가 강줄기를 빼닮은 것도 바로 그 때문이다

생활

찬물에 걸레 빨다가 문득
고 계집애, 백석의 시에 나오는
內地人 駐在所長 집에서 밥 짓고 걸레 치던
고 계집애 생각이 났다

나는 괜찮다
나는 괜찮다

불구경

한밤중에 돈사에 불이 났다기에 우리는 구경을 갔었
지요
잊을 수 없어요 강 건너에 있었지요
돈사는 어둠 속에 뻥 뚫린 빨간 구멍처럼 보였지요

아무도 발을 동동 구르지 않았어요 모두들
팔짱을 끼고 바라보았지요

우리는 킥킥, 웃었지요
노릇노릇하게 익은 넓적다리 구이가 생각났거든요
그 냄새가 물큰, 강을 건너오는 것도 같았어요
어른들이 우리의 입을 손으로 막았지요

동그랗게 말려올라간 꼬리에 불이 붙는다면
돼지는 불붙은 기관차처럼 돈사를 뛰쳐나올 테지요
풀 잘 마른 밭둑에다 마구 몸을 비벼댈지도 몰라요

불길이 강물에 닿으면 피식피식 꺼지겠지요

실제로 강물이 벌겋게 달아올랐다가
제 몸의 불을 끄고 다시 흐르자
누군가 말했지요, 돼지는
불이 나면 절대로 돈사 밖으로 뛰쳐나오지 않는다고
우왕좌왕 허둥대지도 않고 그 자리에 앉아서
돼지는 고요히 마침내 앉아서 불길을 뒤집어쓰고
숯덩이가 된다고

나는 지금도 모르고 있지요
밥 먹고 똥 싸는 집, 질척질척한 그곳이
돼지는 정말로 우주라고 믿었던 것일까요?
아니면, 돼지는 집을 끝까지 지킨 게 아니라
거추장스런 집 같은 것을 그날부터
아예 내던져버렸던 것일까요?

겨울 편지

당신,
저 강을 건너가야 한다면
나, 얼음장이 되어 엎드리지요

얼음장 속에 물고기의 길이 뜨겁게 흐르는 것처럼
내 마음속에는 당신이 출렁이고 있으니까요

봄이 올 때까지는

보고 싶어도
꾹 참기로 한다

저 얼음장 위에 던져놓은 돌이
강 밑바닥에 닿을 때까지는

이발관 그림을 그리다

지붕이야 새로 이엉을 얹지 않더라도
왼쪽으로 빼딱하게 어깨 기울어진 슬레이트면 어떠리

먼산에 흰 눈 쌓일 때
앞 개울가에 푸른 풀 우북하게 자라는 마을에
나도 내 집 한 채 그려넣을 수 있다면

서울 사는 친구를 기다리며
내가 기르던 까치를 하늘에다 풀어놓고
나 이발관 의자 등받이에 비스듬히 누우리
시골 이발관 주인은
하늘의 구름을 불러모아 비누 거품을 만들겠지

이 세상의 멱살을 잡고 가는 시간 같은 거
내 몸 속을 쿨럭, 쿨럭거리며 흐르는 강물 같은 거
빨랫줄에 나란히 펼쳐 널어놓고

무시로 바람이 혓바닥으로 핥아먹게 내버려두리

내일은 사과나무한테 가서
사과를 땅에 좀 받아 내려놓아야지, 생각하다 보면
면도는 곧 끝날 테고

나 산모롱이를 오래오래 바라보리
문득 기적 소리가 들리겠지
그러면 풍경 속에 간이역을 하나 그려넣은 다음에
기차를 거기 잠시 세워두리

내가 머리를 다 말리기도 전에
기차는 떠나야 한다며 뿡뿡 울며 보챌지도 몰라
그러면 까짓것 보내주지 뭐
기차야, 여우가 어슬렁거리는 밤길은
좀 천천히 달려야 한다, 타이르면서

내 친구는 풀숲을 더듬거리며 오리
길에 왜 사람이 없냐고
물동이 이고 가는 아낙이라도 그려보라 하겠지
사람을 그리는 일이 얼마나 어려운지 뻔히 알면서
예끼, 짐짓 모른 체 농을 걸어오겠지

소풍 길

따라오지 마라 했는데도
끝까지 따라오는
요놈, 꽃다지
또, 꽃다지

탱자꽃

탱자 울타리 탱자꽃 되려고
올망졸망 입 다문 흰 꽃망울들 보니
앞가슴 볼록해진 뒤로 나하고 목욕 절대 안 하는
유경이 생각난다

오래 된 우물

뒤안에 우물이 딸린 빈집을 하나 얻었다

아, 하고 소리치면
아, 하고 소리를 받아주는
우물 바닥까지 언젠가 한 번은 내려가보리라고
혼자서 상상하던 시절이 있었다
우물의 깊이를 알 수 없었기에 나는 행복하였다

빈집을 수리하는데
어린것들이 빗방울처럼 통통거리며 뛰어다닌다
우물의 깊이를 알고 있기에
나는 슬그머니 불안해지기 시작하였다
오래 된 우물은
땅속의 쓸모없는 허공인 것

나는 그 입구를 아예 막아버리기로 작정하였다

우물을 막고 나서는

나, 방 안에서 안심하고 시를 읽으리라

인부를 불러 메우지 않을 바에야 미룰 것도 없었다

눈꺼풀을 쓸어내리듯 함석으로 덮고

쓰다 만 베니어 합판을 덧씌우고

그 위에다 끙끙대며 돌덩이를 몇 개 얹어 눌렀다

그리하여

우물은 죽었다

우물이 죽었다고 생각하자

나는 갑자기 눈앞이 캄캄해졌다

한때 찰박찰박 두레박이 내려올 때마다

넘치도록 젖을 짜주던 저 우물은

이 집의 어머니,

별똥별이 지는 밤하늘을 밤새도록 올려다보다가

더러는 눈물 글썽이기도 하였을

저 우물은

이 집의 눈동자였는지 모른다

나는 우물의 눈알을 파먹은 몹쓸 인간이 되어

소리친다

아, 하고 소리쳐도

아, 하고 소리를 받아주지 않는

우물에다 대고

흔적

소나기 한 차례 쏟아진 뒤에
다시 햇볕의 잔치판이다

비 맞은 흔적을 지우려고
새잎을 반 뼘쯤 내민 감나무가
빗물을 털고 일어서자
마늘밭에 줄지어 선 마늘순이 덩달아 몸을 떤다
비의 기억을 빨리 잊어버려야 한다는 듯
돌멩이는 돌멩이끼리 모여 이마를 내어 말리고
돌 틈 사이 풀들도
가는 손을 뻗어 볕을 쪼려고 옹송거린다

그래도 태연한 것들은
일찍이 버려진 것들이다
마당가에 나뒹구는 스테인리스 밥그릇,
다 삭은 고무신 한 짝,

이 빠진 옹기,

오래 전부터 퍼질러앉은 확독,

둥근 입이 몸인 것들이

온몸으로

고요히 빗물을 받쳐 안고 있다

茅亭 아래

한 떼의 잠든 일꾼들
모두 臥佛 같다

미륵님들은
왜 누워 계시나?
쌔빠지게 일하는 사람들,
쉴 줄도 놀 줄도 모르는 사람들,
좀 쉬라고,
휴식이란 이렇게 하는 거라고,
몸소 모범을 보이며 누워 계신 게야

낙숫물

빗방울하고 어울리고 싶어요
깨금발로 깨금발로 놀고 싶어요
세상의 어깨도 통통 두드려주고 싶어요

양철 지붕에 대하여

양철 지붕이 그렁거린다, 라고 쓰면
그럼 바람이 불어서겠지, 라고
그저 단순하게 생각해서는 안 된다

삶이란,
버선처럼 뒤집어볼수록 실밥이 많은 것

나는 수없이 양철 지붕을 두드리는 빗방울이었으나
실은, 두드렸으나 스며들지 못하고 사라진
빗소리였으나
보이지 않기 때문에
더 절실한 사랑이 나에게도 있었다

양철 지붕을 이해하려면
오래 빗소리를 들을 줄 알아야 한다
맨 처음 양철 지붕을 얹을 때

날아가지 않으려고
몸에 가장 많이 못자국을 두른 양철이
그놈이 가장 많이 상처입고 가장 많이 녹슬어 그렁거
린다는 것을
너는 눈치채야 한다

그러니까 사랑한다는 말은 증발하기 쉬우므로
쉽게 꺼내지 말 것
너를 위해 나도 녹슬어가고 싶다, 라든지
비 온 뒤에 햇볕 쪽으로 먼저 몸을 말리려고 뒤척이지
는 않겠다, 라든지
그래, 우리 사이에는 은유가 좀 필요한 것 아니냐?

생각해봐
한쪽 면이 뜨거워지면
그 뒷면도 함께 뜨거워지는 게 양철 지붕이란다

모과나무

모과나무는 한사코 서서 비를 맞는다
빗물이 어깨를 적시고 팔뚝을 적시고 아랫도리까지
번들거리며 흘러도 피할 생각도 하지 않고
비를 맞는다, 모과나무
저놈이 도대체 왜 저러나?
갈아입을 팬티도 없는 것이 무얼 믿고 저러나?
나는 처마 밑에서 비 그치기를 기다리고 있다가
모과나무, 그가 가늘디가는 가지 끝으로
푸른 모과 몇 개를 움켜쥐고 있는 것을 보았다
끝까지, 바로 그것, 그 푸른 것만 아니었다면
그도 벌써 처마 밑으로 뛰어들어왔을 것이다

가을 오기 사흘 전쯤

가을 오기 사흘 전쯤
바람이 어제의 바람이 아니어서

우우우우우우우
먼산의 붉은 잇몸이 보일 듯도 하다

누가 나를 좀 범해줬으면

우우우우우우우
내 몸은 미쳐버리기 직전이다

뜨거운 밤

아, 고 잡것들이 말이여, 불도 한 점 없는 거 뭣이냐 깜깜한 묏뚱가에서 둘이서 불이 붙어가지고는 누가 왔는지, 누가 지나가는지, 누가 쳐다보는지도 모르고 말이여, 여치는 싸랑싸랑 울어댔쌓는디 내가 어떻게 놀라부렀는가 첨에는 참말로 산 귀신들이 아닌가 싶어 대가리 털이 바짝 서두만 가만히 본께 두 년놈들이 깨를 홀라당 벗고는 메뚜기같이 착싹 붙어가지고는 일을 벌이는디, 하이고매, 숨이 그만 탁 막혀 나는 말도 못 하고 소리도 못 지르겠고 그런다고 좋은 구경 놔두고 꽁무니 빼기도 그렇고 마른침을 꼴딱 삼켜가면서 눈알이 빠져라 쳐다보는디 글쎄, 풀들이 난데없이 야밤에 짓뭉개져가지고는 푸르딩딩 멍든 자죽처럼 짓뭉개졌을 풀들이 말이여, 싸아한 냄새를 피워올리는 바로 고것들이 무슨 죄일까 싶어, 나 참 별 생각도 다 해봤는디 말이여, 그때 말이여 반딧불 하나가 눈을 깜빡깜빡하면서 싸가지 없이 나를 빤히 보고 있었던 거 아니겄어, 한마디로 챙피하두만 눈을

44

깜빡깜빡하면서, 내가 벌겋게 달아오른 것을 지가 다 봤을 거 아녀, 처음부터 끝까지 저도 다 보고 있었으면서 말이여, 하이고매,

이웃집

이웃집 감나무가 울타리를 넘어왔다
가지 끝에 오촉 전구알 같은 홍시도 몇 개 데리고
우리집 마당으로 건너왔다

나는 이미 익을 대로 익은 저 홍시를
따먹을 것인가, 말 것인가
몇 날 며칠 고민에 빠지지 않을 수 없었다
아들은 당장 따먹어버리자고 했고,
딸은 절대로 안 된다 했다

이웃집 감나무 주인도
越境한 감나무 가지 하나 때문에
꽤나 골치가 아픈 모양이었다
우리 식구들이 홍시를
따먹었는지, 그냥 두었는지
여러 차례 담 너머로 눈길을 던지곤 했다

그때마다 아내는 감나무 가지에서
홍시가 떨어질까 싶어 마음을 졸였다 한다
밤중에 변소에 가다가도
감나무 가지에 불이 켜져 있나, 없나
먼저 살핀다고 한다

아, 우리가 이렇게 된 것은
감나무 때문인가
홍시 때문인가
울타리 때문인가

가을

사과가 익었다고
콕콕 쪼아대더니

부리 끝이 시다고
깍깍대는 때까치

귀뚜라미

귀뚜라미야, 한밤내 생떼 생떼 쓰지 마라
일 주일만 기다리면 수업료 준대도 그러느냐

가을의 전설

완주군 경천면 대아리 저수지 물가에

빈 배 한 척 한가로이 매여 있기에

그 배 빌려 타고 단풍놀이나 즐겨볼까 싶어서

주인네 집을 물어 물어 찾아갔더니

주인은 낮술에 취해 허리띠 풀어놓고

마루 위에 붉은 고추 멍석으로 누워 잠들었고

주인 아낙께서 고추를 매만지다 하시는 말씀

"대낮에 일도 없이 뭔 배를 탈라고 헌다요?"

그 말씀 한마디에 화들짝 놀란 내 아내는

뒷걸음치다가 저만치서 막 불이 붙어서

그만 단풍나무 한 그루로 타올랐습니다

내 살던 옛집 마당에

내 살던 옛집 마당에 햇볕이여, 너는 어쩌자고 그리 서럽게 부서져내리는가? 담장 위에서, 고추 널은 멍석 위에서, 툇마루 끝에서 끼리끼리 도란거리다가 나에게 그만 들키고 마는가? 햇볕이여, 어쩌자고 가을이면 내 살던 옛집 마당에 과꽃을 무더기로 피워놓는가? 어쩌자고 그 꽃송이마다 세상을 보는 눈을 달아주는가? 아무 일도 없는데 괜스레 꽃잎들 눈물 핑 돌게 하는가? 살 속의 뼈까지 다 들여다보일 것 같은 날, 너는 알겠구나, 시냇물 따라 떠났던 내 유년의 송사리떼가 이맘때면 왜 살이 통통 오른 새끼들 데리고 상류로 거슬러오르고 싶어하는지를, 물 속 내려다보듯 너, 알겠구나 내 살던 옛집 마당에 햇볕이여, 자두 같은 가슴을 가지고 있던 계집애들은 돌아왔는지, 그 동안 누가 세상한테 이기고 누가 졌는지, 나는 어쩌자고 궁금한 게 많구나

감자 익는 냄새

용택이형네 식구하고 우리 식구하고
감자를 먹으려고
젓가락을 하나씩 손에 들고 둥그렇게 둘러앉아
뜨끈뜨끈한 김이 나는 감자를 한 양푼 앞에 놓고 보니

문득 감자의 어린 시절이 생각나는 것이었다
감자는 먼저,
땅속에서 어떻게든 싹을 틔우려고 무진장 애를 썼을
것인데
그중에 성질이 급한 놈은 데굴데굴 구르기도 하고
어떤 놈은 통통 튀기도 하면서
이놈의 세상이 왜 이렇게 어둡냐고
답답해서 못 살겠다고 소리를 바락바락 질렀겠지
그러다가 어느 날 제 몸 바깥으로 솜털 같은 것이 빼
죽이 나왔을 테고
깜짝 놀랐겠지, 무슨 큰 병이나 난 게 아닐까 하고

그것이 제가 틔운 싹이라는 것을 비로소 알고 그때부터는
뭐랄까, 혁명에 대한 예감이랄까
죽자 사자 싹을 위로 치켜올렸겠지
아픈 줄도 모르고 땅 거죽을 머리로 들이받았을 거야
연초록 잎사귀를 땅 위로 펼칠 때까지 말이야

감자는 땅속 줄기가 몸이므로
내 상상력은 여기서
연초록 잎사귀를 따라가서는 안 된다고 생각하는데,
감자도 귀해 실컷 못 먹던 시절이 있었다고
용택이형은 아, 참 맛나네, 맛나네 하면서 먹고
형수는 열무김치를 척 얹어서 먹어도 맛있는데, 하고
민세와 민석이는 찍어 먹을 설탕이 모자란다고
마치 감자를 한 입 입에 넣은 것처럼
볼따구니가 퉁퉁 부어서 등을 돌리고 앉아 있고

뜬금없이 민해는 고구마가 먹고 싶다, 하고
아내가 설탕 가지러 주방 쪽으로 가는 사이에

나는 또 감자의 성장기를 상상해보는 것이었다
그래, 연초록 잎사귀를 땅 위로 밀어올린 뒤부터가 문
제야
땅속에서는 실뿌리가 수없이 뻗어나와
흙을 움켜잡기 시작했을 것이고
그 윗줄기에 처음에는 유경이 젖꼭지처럼 조그마한
물집 같은 게 생겼겠지

불에 덴 뒤에 부풀어오르는 것
물집,
물집이라는 말은 아프다
흉터가 앉을 자리이기 때문이지
세상의 허벅지에 누군가 火印을 찍은 자국들,

감자알들,

제각기 하나의 둥글둥글한 세계,

언젠가 썩어야 한다는 것을 알면서도

감자는 점점 몸이 부풀어갔을 거야

날이 갈수록 주렁주렁 매달리는 기쁨과 슬픔을

반반씩 키우며 속이 꽉 찬 감자가 되어갈 때

감자꽃은 하얗게 피었을 테고

어라, 감자꽃이 피었네, 하며 나는 그곳을 지나쳤겠지

도현이 너는 감자도 안 먹고 무슨 생각 하냐 또 시 쓰
냐

용택이형이 던지는 우스갯소리를 들으며

나는 감자에 대해 시를 한 편 써보아야겠다고 생각했
다

장날

장꾼들이
점심때 좌판 옆에
둘러앉아 밥을 먹으니
그 주변이 둥그렇고
따뜻합니다

山竹

그 사람들 발자국 소리 따라가다가 멈춰 선 山竹

그 사람들 모여 찬밥 나눠 먹던 자리마다 우거진 山竹

그 사람들 파르르 떨리던 눈썹처럼 사각이는 山竹

그 사람들 눈 뜨고 죽은 빈 숲 파랗게 밝히는 山竹

진눈깨비

진눈깨비 나린다
진눈깨비 나리는데 목까지 올라오는 장화를 신고
미나리꽝에 가슴을 담근 늙은 여인이 있다

늙은 여인은 물 속으로
점점 꺼져들어간다

아무도 없다 아무도 없는데 진눈깨비는 나리고
미나리꽝에는 얼음이 둥둥 떠 있다

늙은 여인은 아예 물 바깥으로 나올 생각을 하지 않는
다
찬물이 뚝뚝 듣는, 대지의 머리카락 같은
푸른 미나리를 한 움큼 끌어올리기 전까지는

미나리꽝에 진눈깨비는 나리고

진눈깨비는 나리어 소리도 없이 녹는데

수건 쓴 그녀의 머리꼭지에는 눈이 쌓인다

놀라운 일이다 환하게 빛난다

홍니

지리산 아래
구례 산동 마을 처녀들 중에는
홍니를 가진 이가 많았다고 한다

눈 내리는 겨우내 누룩 냄새 나는 방 안에서
산수유 열매를 몇 날 며칠 까면서
이빨에 그만 붉은 물이 들었다고 한다

나는 여태껏 한 번도 만나보지 못했지만
눈 내리는 날이면 지리산 아래
구례 산동 마을 옛 처녀들 보고 싶어진다

누구를 기다리며 그 밤을 하얗게 지샜냐고,
그이는 산 넘어 돌아왔느냐고,

무진장

무주 진안 장수

눈 온다
무진장 온다

천진난만

눈이 내려오신다고
늙은 소나무 한 그루
팔 벌리고 밤새 눈 받다가
팔 하나 뚜둑, 부러졌다

이까짓 것쯤이야
눈이 내려오시는데, 뭘
이까짓 것쯤이야

訃音

살아서 큰 그늘 펼치던 나이 많은 나무가
쓰러질 때
가장 큰 소리를 냅니다

山役

이른 봄 꽃상여 하나가
북망산 입구로 들어간다

채 눈 녹지 않은 산비탈에
포크레인 한 마리가
터억, 먼저 가 있는 것도 보인다

모과꽃

샐쭉하니 피었다가
샐쭉하니 지는
모과꽃

봄 소풍

점심 먹을 때였네
누가 내 옆에 슬쩍, 와서 앉았네
할미꽃이었네
내가 내려다보니까
일제히 고개를 수그리네
나한테 말 한번 걸어보려 했다네
나, 햇볕 아래 앉아서 김밥을 씹었네
햇볕한테 들킨 게 무안해서
단무지도 우걱우걱 씹었네

산벚나무 꽃이 질 때

산벚나무 꽃이 진다
한꺼번에 진다

애지중지 키운 딸 시집 보내려고
누가 新房에 도배지를 바르나 보다

모악산

모악산 아래 사는 사람들은
해마다 모악산이 낮아진다고 생각한다
산이 나이를 먹어 성장을 멈추었거나
산을 밟고 오르는 사람들이 일요일마다
등산화에 흙을 묻혀오기 때문이라고

그게 아니다
모악산이 자꾸 낮아지는 것은
그 아래 새로운 무덤들이 해마다 동그랗게
볼록, 볼록 솟아나기 때문이다

호박꽃에 취하여

호박 넝쿨이 가리키는 곳을 따라갔더니
거기 호박꽃이 피었더라
그 호박꽃 속으로 난 길을 걸어 들어갔더니
호박밭에 쪼그리고 앉은 내가 보이더라

깊고 푸른 밤

내가 형광등 끄고 자리에 눕자
세상이 환하게 불을 켰다

보름이 가까워오나 보다

반딧불

밤 깊었는데,

가기 싫은 심부름 가는 듯,

깜박, 깜박,

20세기가 간다

자기 살을 자기 손으로 떼어내며
백일홍이 지고 있다

백일홍은 왜
자기 연민도 자기에 대한 증오도 없이
자신한테 버럭 소리 한번 지르지도 않고
뚝뚝, 지고 마는가

여름 한낮, 몸 속에 흐르던 강물을
울컥울컥 토해내면서
한 마리 혼절한 짐승같이 웅크리고 있는 나무여

나 아직도 너에게 기대어
내 몸을 마구 비벼보고 싶은데
혼자서 피가 뜨거워지는 일은
얼마나 두렵고 쓸쓸한 일이냐

72

女中生들이 몰래 칠한 립스틱처럼

꽃잎을 받아먹은

지구의 입술이 붉다

그 어떤 고백도 맹세도 없이

또 한 여자를 사랑해야 하는 날이 오느냐

바람 부는 날

한 사내가 울었지요

사랑이란
만원짜리 지폐처럼 얇은 거냐고

시집온 지 석 달 만에
연변 색시는 떠났지요

이 세상 끝까지 푸르자던
그 맹서를

하얗게 뒤집고
돌아서는 은사시나무

은사시나무 잎사귀한테
바람은 들키고 말았지요

낙서

군내 버스 때 절은 좌석 덮개 뒤에다
나도 삐뚤삐뚤
사인펜으로 쓰고 싶다

애인 구함
나이 : 16세
성격 : 명랑 쾌활
TEL : 353~2698
많은 연락 바람
기다릴게요

가령, 네 눈동자에 눈물이

가령, 내가 네 손을 처음으로 덥석 잡는다면
너는 손을 빼다가는 아무 일도 아닌 듯
결국은 나에게 안겨올까 아니면
느닷없이 소리를 지르며 다시는 만나지 않겠노라며
얼음장같이 돌아설까 사라지고 말까, 개같은 놈이라며
그러나 차라리 욕을 얻어먹을 때 먹더라도
나는 용기를 내어

네 손목을 잡아 이끌고 골목을 찾아든다면
내 마음보다 어두운 여인숙이 거기 웅크리고 있다면
귀 떨어져나간 누런 숙박계에다
엉터리 주민등록번호를 빨리빨리 쓰고
금방 새로 지어낸 내 이름도 하나 쓰고
모나미 볼펜을 던지듯 내려놓고

네 외투를 벗기게 된다면 그리고

네 치마를 벗기게 된다면 그리고
이 세상의 더럽게 순결한 담요 위에
마지막으로 너의 팬티 한 장만 남겨둔다면
너의 마음은 벗기지 못하고 그때
너의 몸이 작은 짐승같이 바들바들 떨게 된다면
그 떨림 끝에

가령, 네 눈동자에 눈물이 그렁그렁 고이게 된다면
마침내 그 눈물의 홍수에 내가 갇히고 그리하여
네가 흘린 그 눈물에 너도 갇히게 된다면
나는 사람도 아니야, 사람도 아니야
내가 나를 때리며 소리 없이 울까 아니면
너에게 쓴 모든 편지를 이제 불살라버리겠노라고
성냥이나 뒤적뒤적 찾는 척할까

아주 작고 하찮은 것이

아주 작고 하찮은 것이
내 몸에 들어올 때가 있네

도꼬마리의 까실까실한 씨앗이라든가
내 겨드랑이에 슬쩍 닿는 민석이의 손가락이라든가
잊을 만하면 한 번씩 찾아와서 나를 갈아엎는
치통이라든가
귀틀집 처마 끝에서 떨어지는 낙숫물 소리라든가
수업 끝난 오후의 자장면 냄새 같은 거

내 몸에 들어와서
아주 작고 하찮은 것이
마구 양푼 같은 내 가슴을 긁어댈 때가 있네

사내도 혼자 울고 싶을 때가 있네
고대광실 구름 같은 집이 아니라

구름 위에 실컷 웅크리고 있다가
때가 오면 천하를 때릴 천둥 번개 소리가 아니라
아주 작고 하찮은 것이
내 몸에 들어오면
나는 견딜 수 없이 서러워져
소주 한잔 마시러 가네

소주, 아주 작고 하찮은 것이
내 몸이 저의 감옥인 줄도 모르고
내 몸에 들어와서
나를 뜨겁게 껴안을 때가 있네

동백꽃 지는 날

나 오래 참았다
저리 비켜라
말 시키지 마라

선운사 뒷간에 똥 떨어지는 소리

단풍나무

가을로 접어들자 단풍나무는
자기 몸에다 전향서를 쓰고 있었다
너무 냉정해서
내가 말을 걸어볼 틈도 없었다

저 낡은 선풍기

저 낡은 선풍기
참 가련타
가전제품 수리 전문점 앞에서
먼지를 백발처럼 뒤집어쓰고
깨진 프로펠러를 달고
구질구질한 내장을 다 내보이며
쓰러질 듯 술 취한 듯 비척거리며
겨우 고철 덩어리 냉장고에 기대어 서 있는

명예퇴직한 저 선풍기
돌아가고 싶으면 돌아가고
멈추고 싶으면 멈추는
저 낡은 선풍기 때문에
나, 눈물이 핑 돈다

머리 깎고 군대에 가지 않아도 되는

아침마다 넥타이를 매지 않아도 되는
다달이 봉급에서 세금을 떼이지 않아도 되는
자주 손목시계를 들여다보지 않아도 되는
민방위 소집에 응하지 않아도 되는
기름 넣고 세차할 차 한 대도 없는
저 선풍기는
좋겠다

다시는 콘센트에 손가락을 집어넣어
찌릿찌리릿 몸을 떨어야 할 필요도 없는

늦가을

무서리 내린 새벽
까치 한 마리 공중에 뜨네
저도 늦가을 발이 시린가 보네

바다의 엉덩이

바다는 물 속에서 제 몸을 바위 틈으로
한사코 밀어넣으려고
괴로워도 우겨넣으려고 하네
그때 바위 속에서 바다는 길쭉해지기도 하고
연필심처럼 끝이 뾰족해지기도 하네
모두 바닷속에서 일어나는 일이라네
그것을 인간들은 까맣게 모르고
바다의 엉덩이가 펑퍼짐하다면서
해삼을 초고추장에 찍어 먹고는
먼 수평선을 바라보네

책

세상보다 더 좋은 교과서를 나는 알지 못한다

태극기를 달면서

누군가 人共旗를 달고 있을 것이다

12월 저녁의 편지

12월 저녁에는
마른 콩대궁을 만지자

콩알이 머물다 떠난 자리 잊지 않으려고
콩깍지는 콩알의 크기만한 방을 서넛 청소해두었구나

여기에다 무엇을 더 채우겠느냐

12월 저녁에는
콩깍지만 남아 바삭바삭 소리가 나는
늙은 어머니의 손목뼈 같은 콩대궁을 만지자

시가 씌어지지 않는 밤

꽃의 종아리에 인둣불을 지질까
물고기의 눈에 먹물을 뿌릴까
바지랑대로 하늘 휘저어 별들을 섞을까
그도 저도 아니라면
시여
우주로 통하는 쥐구멍을
꼭꼭 틀어막을까

언어의 게임

　내 시는 아무래도 겨울날 볕 잘 드는 사랑방에서 댓살을 다듬고 한지를 자르며 싸드락싸드락 만드는 연 같은 것이어야겠다. 어린 아들놈은 목을 몇 자나 빼고서는 내 무릎 앞을 지키고 앉아 있겠지. 어린 아들놈이나 아들놈의 동무를 위해서라기보다는 내가 옛날에 웃어른들에게 배워 지금 어린것에게 해줄 수 있는 유일한 일이 연을 만드는 일이니, 시를 쓰듯이 즐겁게 나는 연을 만들어야겠다. 물론 돈을 내고 사서 띄우기만 하면 되는, 비닐로 만든 가오리연은 동네 문방구점에 가면 얼마든지 쉽게 구할 수 있다. 그러나 그것은 결코 아비가 직접 풀을 바르고 꽁숫구멍을 뚫어 상하 좌우의 균형을 맞춘 방패연

91

에 비길 바가 아니다. 제 잘난 멋에 요리조리 공중을 헤엄쳐다니며 까부는 가오리연 같은 시들이 결국은 바람 앞에 오래 살아남지 못하고 땅바닥에 내리꽂히는 것을 그 동안 자주 목격하였거니와 공중으로 상승하는 속도는 느리되 그 유장한 몸짓으로 떠오른 뒤에는 스스로 흔쾌히 겨울 하늘의 창문이 되는 방패연 같은 시가 그리워지는 시절인 까닭이다. 적어도 시인이라 하면 언어를 갈고 다듬으며 살리는 데 공력을 들여야지 언어를 흔들고 내팽개치며 혹사시키는 일에 나서서는 곤란하지 않겠는가. 시란 언제까지나 언어의 게임이 아니겠는가. 그리하여 내 시쓰기는, 지상과 천상의 다리를 놓는 바람의 게임, 즉 연날리기와 같은 것이어야겠다. 연을 날릴 때는 당연히 얼레를 잡은 손은 연줄을 풀어야 할 때 풀고 당겨야 할 때 당길 줄 알아야 하는 법. 그렇다면 나도 내 손에서 언어를 풀 때는 풀고 당길 때는 당길 줄 아는 시인이어야겠다. 한때 나는 그 긴장의 끈을 지나치게 잡아당겨 팍팍한 고구마 같은 시를 썼는가 하면, 또한 그것을 지나치게 풀어놓아 헛헛한 무 같은 시를 쓰기도 하였으니 살펴 경계해야 할 일이다. 세계와 나 사이의 거리는 연과 나 사이의 거리처럼 아득한 것. 그것을 굳이 자를 끄집어내 한 치 두 치 재야 할 일은 아니며, 그 아득함에 취해 함부로 이 세상 밖을 동경하는 일은 더욱 아니 될 일이다. 연을 날리는 일과 시를 쓰는 일과 그리고 살아가는 일이 결국은 따로 있지 않으므로 매사에 지극 정성을 다하는 도리밖에 없겠다. 다만 연을 날리다가 보면 연줄을 뚝, 끊어 보이지 않는 곳으로 연을 날려보내야 할 때가 있는 것처럼 시의 언어가 문득 나를 떠나가려 한다면 미련 없이 떠나보낼 줄도 알아야 하겠다.

1999년 1월
안도현

안도현

1984년 동아일보 신춘문예에 시가 당선되어 등단했다. 시적 성취에 대한 높은 문학적 평가와 독자들의 사랑을 함께 받고 있는 시인의 시집은 출간될 때마다 수만 명의 독자가 찾고 있으며, 보편적인 정서를 지닌 쉬운 언어로 세상과 사물을 따뜻하게 포착하고 있다는 평가를 받고 있다. 시집 『서울로 가는 전봉준』, 『모닥불』, 『그대에게 가고 싶다』, 『외롭고 높고 쓸쓸한』, 『그리운 여우』, 『아무것도 아닌 것에 대하여』, 『너에게 가려고 강을 만들었다』, 『간절하게 참 철없이』, 『북항』 등을 펴냈으며 어른을 위한 동화 『연어』, 『연어 이야기』, 『관계』, 『증기기관차 미카』, 『남방큰돌고래』와 그 외에 『백석 평전』, 『안도현의 발견』, 『안도현 잡문』, 『그런 일』 등을 펴냈다. 시와 시학 젊은시인상, 소월시문학상, 노작문학상, 이수문학상, 윤동주상, 백석문학상, 임화문학예술상, 단국문학상 등을 받았다. 현재 단국대 문예창작과 교수로 재직중이다.

안도현 시집
바닷가 우체국

ⓒ 안도현 1999

1판 1쇄	1999년 1월 25일
1판 25쇄	2020년 3월 25일

지은이 안도현
펴낸이 염현숙

펴낸곳 (주)문학동네
출판등록 1993년 10월 22일 제406-2003-000045호
주소 10881 경기도 파주시 회동길 210
전자우편 editor@munhak.com | 대표전화 031)955-8888 | 팩스 031)955-8855
문의전화 031) 955-3576(마케팅) 031) 955-8864(편집)
문학동네카페 http://cafe.naver.com/mhdn

ISBN 89-8281-153-2 02810

* 이 도서의 국립중앙도서관 출판예정도서목록(CIP)은 서지정보유통지원시스템 홈페이지 (http://seoji.nl.go.kr)와 국가자료공동목록시스템(http://www.nl.go.kr/kolisnet)에서 이용하실 수 있습니다.(CIP제어번호 : CIP2004000004)

www.munhak.com

문학동네가 펴낸 안도현의 시집들

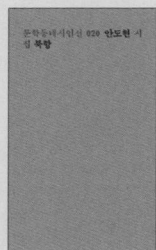

북항
사소한 것들을 향한 따뜻한 울림의 여전함

안도현의 새 시집에서 은유는 적중하기에 실패한 표적으로 자주 제시되나 시는 실패하지 않는다. 그들 실패담이 세련된 문체와 적절하고 울림 많은 리듬으로 쾌적하기 때문이 아니라, 그 하나하나가 현실의 어둠 속에서 작은 빛을 하나씩, 미소한 가능성을 하나씩 확인해나가는 길의 이정표이기 때문이다. 시는 영원한 빛과 날마다 만나는 어둠으로 이루어진다. _황현산(문학평론가)

아무것도 아닌 것에 대하여
때로 아무것도 아닌 것 때문에 단 한 번 목숨을 걸 때가 있는 거다

존재의 맨살을 끝끝내 추적하여 그 바탕을 확인하고자 하는 시혼이 그의 시편들 속에는 치열하게 살아 있다. 아무데나 펴보아도 펼쳐지는 곳마다 그냥 지나칠 수 없는 시편들이 눈길을 사로잡곤 하는데, 그것은 아마도 번쩍번쩍 날이 서 있는 그 시혼이 우리에게 가까이 다가오기 때문일 것이다. _정양(시인)

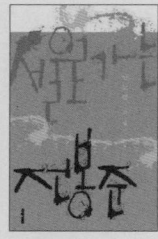

서울로 가는 전봉준
마음으로 읽고 마음으로 감응하는 그리움의 시

『서울로 가는 전봉준』에 실린 시들이 우리에게 전해주는 것은 이십대의 청년기를 통과해나가는 시인의 풋풋하고 건강한 삶의 언어들이다. 그냥 마음으로 읽고 마음으로 감응하면 족한 시들, 그것이 바로 안도현의 시들이 아닐까? _박혜경(문학평론가)

외롭고 높고 쓸쓸한
**연탄재 함부로 발로 차지 마라
너는, 누구에게 한 번이라도 뜨거운 사람이었느냐**

『외롭고 높고 쓸쓸한』은 시인이 둥글디둥근 꿈을 한껏 피워올리는 자리이다. 시인은 추상적이거나 거창한 관념이 아니라 삶의 새로울 것 없는 일상을 쉽고 친근한 일상언어로 들려주는 데서 출발한다. 범속한 일상 속에 시의 뿌리를 박음으로써 삶의 힘을 시의 경험 속으로 끌어들인다.